Bela
COZINHA

gnt

Bela Cozinha

gnt

Da raiz à flor

BELA GIL

GLOBOestilo

APRESENTAÇÃO

Cozinhar é uma ferramenta que pode gerar transformação pessoal, integração profunda com a natureza e até mesmo uma nova relação com aqueles que produzem nossos alimentos. Nossas escolhas e práticas alimentares podem mudar o mundo à nossa volta e a nós mesmos. Quando ampliamos o nosso olhar sobre um alimento, ganhamos mais opções.

O objetivo deste livro é trazer um novo olhar para a comida do dia a dia e descobrir novos ingredientes já presentes nos alimentos — é o que eu chamo de "novos ingredientes que todo mundo já conhece". Assim, diminuímos o desperdício de alimentos, barateamos o custo da alimentação saudável e ampliamos a economia agrícola.

Por exemplo, muitos de nós conhecemos e consumimos melancia (alguns fazem até churrasco...), mas poucos enxergam a casca da melancia como um ingrediente culinário (talvez você tenha lembranças do doce de casca de melancia da vovó). Conhecemos e consumimos o melão, a banana, o coco, mas não enxergamos potencial alimentício em suas cascas. Talos de couve, agrião, coentro e salsinha têm sabor e textura espetaculares, mas muitas vezes vão parar no lixo. Sementes de mamão, de abóbora, de cupuaçu e de jaca viram pratos incríveis, que muita gente não conhece. Folhas de rabanete, couve-flor, brócolis, beterraba e cenoura dificilmente são vendidas nos mercados, mas são muito nutritivas e gostosas — e dão receitas deliciosas. Se for para democratizar a alimentação saudável, vamos primeiro popularizar os ingredientes. O objetivo deste livro é mostrar que a casca do melão tem o potencial culinário de um chuchu; a semente do mamão, o de uma pimenta-do-reino; a semente do cupuaçu, o de um *nibs* de cacau; e que a folha de brócolis pode substituir perfeitamente a couve.

Transformar o nosso olhar em relação ao alimento ajuda a combater o desperdício de alimentos, aumenta nosso apreço pela natureza e melhora a economia doméstica. Por exemplo, 50% do peso de um melão é a casca. Se vamos à feira e pagamos 5 reais por 1 quilo de melão e quando chegamos em casa jogamos a casca fora para consumir somente a polpa, estamos jogando 2,50 reais no lixo. Por outro lado, podemos também aumentar o lucro do produtor. Um produtor de hortifrútis que vende a cenoura com a rama por 3 reais o quilo, mas cujo cliente pede para retirar a rama antes de chegar em casa ou a joga fora na hora do preparo, está deixando de lucrar. O produtor pode separar a raiz da cenoura e precificar a rama, pode vender a flor do brócolis e precificar as folhas, pode vender o cacho de banana e precificar o coração da bananeira.

Tenho a esperança de um dia ver nas bancas de feiras e prateleiras dos supermercados maços de rama de cenoura, folhas de brócolis, cascas de melancia, sementes de mamão, raízes de taioba, carne de jaca, coração de bananeira e outras maravilhas — expostas, precificadas e vistas como ingredientes convencionais. A democratização da alimentação saudável e o combate ao desperdício de alimentos se dará com a transformação da agricultura e da cultura alimentar. Espero que este livro abra a mente e o apetite de muitos para uma alimentação mais diversa, barata e saudável.

BELA GIL

SUMÁRIO

SOBREMESAS

BEBIDAS

DICAS DA BELA

1. RAÍZES

É importante lavar bem as raízes antes de guardá-las ou consumi-las para retirar o excesso de terra. No caso do coentro, da cebolinha e do alho-poró, que felizmente em muitos lugares ainda são vendidos com as raízes, você pode cortá-las, lavá-las e guardá-las na geladeira por até dez dias num pote fechado ou embrulhados num pano de prato. Essas raízes são bem fibrosas e gosto de prepará-las empanadas ou grelhadas. Já a raiz da taioba, por exemplo, pode ser mantida em temperatura ambiente. Lave-a e descasque-a apenas na hora de cozinhar, e, se sobrar, guarde na geladeira. A raiz de taioba tem os mesmos usos culinários que o inhame, o cará, a batata-doce, a mandioquinha e o aipim.

2. TALOS

Muitas vezes retiramos de maneira automática os talos de alguns alimentos para utilizar apenas as partes mais macias, como as folhas da couve ou as flores do brócolis. Mas, com um pouco de consciência, conhecimento e criatividade, podemos enxergar os talos como ingredientes superespeciais e não como restos de alimentos. Mas não são todos os talos que podem ser consumidos e seus preparos são diferentes. Os talos de couve, agrião, salsinha e coentro, a rama da cenoura, as folhas de beterraba e de rabanete, e alguns tipos de manjericão são mais macios e podem ser consumidos crus, bem picadinhos. Já os talos de couve-flor e brócolis, por exemplo, são mais gostosos quando cozidos. É só retirar a base ou a casca mais fibrosa e picar para refogar como um legume ou usar para engrossar sopas e feijão. Retire os talos dos alimentos já higienizados e, se não for usá-los na hora, guarde-os na geladeira. Eles duram em média dez dias em um pote fechado ou embrulhados em um pano de prato.

3. FOLHAS

Por falta de costume, dispensamos muitas folhas comestíveis e aromáticas na cozinha do dia a dia. Poucas pessoas sabem o que fazer com a rama de cenoura, a folha da abóbora ou a folha de laranja. Já as folhas de algumas raízes e tubérculos — como rabanete, beterraba, mandioca, taioba, inhame e batata-doce — são comestíveis apenas cozidas, por conterem cristais de ácido oxálico ou outras substancias tóxicas, mas dão ótimos refogados ou sopas. As folhas de várias árvores frutíferas — como as das frutas cítricas (laranja, limão, tangerina...), da seriguela, da pitanga e da mangueira — são comestíveis e muito aromáticas. Elas funcionam super bem para variar as folhas do suco verde ou aromatizar um suco de fruta. Quanto mais novas as folhas, mais macias elas são e podem ser consumidas no suco verde sem que seja preciso peneirá-lo, por exemplo. As folhas mais velhas, e maiores, são mais fibrosas e, quando verdes, aromatizam muito bem doces, chás, sopas e arroz. As folhas das árvores frutíferas duram, em média, um mês na geladeira num pote fechado.

4. FLORES

Comer flores se tornou algo mais natural nos últimos anos. Em grande parte, graças à "gourmetização" da alimentação natural e saudável. As flores são muito sensíveis e frágeis, e apesar de não terem tantas propriedades nutricionais, trazem beleza e delicadeza aos pratos. Alguns exemplos são: a flor da abobrinha, da abóbora, do hibisco, da malvavisco, da capuchinha, do jambo, da ora-pro-nobis, da maria-gorda, do amor-perfeito, da cravina etc. Elas podem ser consumidas inteiras ou despetaladas, cruas ou cozidas. Mas como normalmente são consumidas cruas por causa de sua beleza e cores vivas, é bom higienizá-las. Coloque-as numa bacia com água e vinagre, deixe uns cinco minutos de molho e retire da água. Guarde as flores num pote fechado na geladeira por até cinco dias ou quando começarem a murchar.

5. FRUTOS

Os frutos verdes, ou não maduros, ainda não transformaram seu amido em frutose e têm um sabor mais neutro. Por isso são muito versáteis na cozinha em termos de texturas, sabores e cores. Refogadinhos, fritos, assados, cozidos e até mesmo crus, muitos frutos verdes fazem um belo prato. Mamão, banana, manga, jenipapo e jaca verdes são alguns exemplos que podem fazer parte do cardápio do dia a dia. Os frutos não maduros inteiros podem ser mantidos em temperatura ambiente, mas uma vez que forem cortados, precisam ir à geladeira. A banana e a jaca verdes podem ser cozidas e mantidas na geladeira ou no congelador para serem usadas depois.

6. CASCAS

Por hábito, muitas cascas são jogadas fora. Porém, alguns alimentos podem ser consumidos com a casca e outros podem ter as cascas retiradas e consumidas separadamente. Eu não tenho o costume de descascar vegetais com cascas bem finas e lisas, como cenoura, beterraba, batata-doce, mandioquinha, pepino etc. Mas sempre tiro a casca da melancia, do melão, da laranja, da tangerina e do limão para utilizar só a polpa. Já no caso de alguns ingredientes — como a abóbora, o chuchu, o inhame, a banana e outros — podem ser usados com ou sem casca, dependendo da receita. Devemos enxergar o potencial culinário e nutricional das cascas de certos alimentos. Por exemplo, podemos nos acostumar a cozinhar alguns alimentos com as próprias cascas, como no caso dos de cascas finas e lisas, sem que isso altere o paladar da receita. E quando descascamos algumas frutas e vegetais para usar apenas o seu interior, podemos guardar as cascas para aproveitá-las depois. Por exemplo, quando cortar uma melancia, retire a casca, lave e guarde em um pote fechado na geladeira. As casca das frutas cítricas podem ser lavadas antes de cortar e guardadas no congelador para aromatizar caldos, chás, bolos e doces. As cascas de cebola podem ser mantidas em cestas em temperatura ambiente e usadas para fazer um ótimo chá digestivo.

7. SEMENTES E CASTANHAS

Encontramos no mercado muitas sementes e castanhas beneficiadas e prontas para o consumo, como as de girassol, da abóbora, do gergelim, de baru, de caju, do pequi, do pará, da pimenta rosa, do amaranto, da quinoa etc. Mas existem outras podem ser preparadas em casa e consumidas de formas variadas. As sementes do mamão, do quiabo, do melão e da melancia, por exemplo, são ricas em proteínas e propriedades medicinais. Embora não estejam disponíveis prontas para comprar, é possível prepará-las em casa. Antes de consumir, lave-as e coloque-as para secar no forno morno (a 60° C por cerca de uma hora, dependendo do tamanho da semente), para que fiquem crocantes. Se for comprar sementes e castanhas, prefira comprá-las inteiras e em pequena quantidade para não estragarem — a exposição à luz e ao ar acelera a oxidação e suas gorduras maravilhosas podem se tornar inflamatórias e oxidantes.

8. PANCS

Existem 300 mil espécies de plantas comestíveis no mundo, mas a população global consome somente duzentas espécies. Ou seja, menos de 1% da comida disponível é cultivada e consumida por nós. Expandir o nosso olhar em relação aos alimentos e incluir mais variedade na nossa dieta é uma forma de democratizar a alimentação, investir na saúde e proteger a natureza. Por isso incluí algumas plantas alimentícias não convencionais (PANCs) nas receitas deste livro para abrir o leque das escolhas alimentares do dia a dia. As PANCs são alimentos baratos, muitas vezes sem nenhum valor comercial, mas é necessário saber reconhecê-las para poder consumi-las. As espécies espontâneas estão presentes em muros, calçadas, canteiros, gramados, muitas vezes, no meio de plantações e, portanto, são vistas como ervas daninhas. Por isso, é preciso melhorar e aumentar a demanda para que o campo reconheça o valor desses alimentos e, ao invés de enxergá-los como inimigos, passem a vê-los como aliados com grande valor comercial. Por isso, moringa, coração da bananeira, semente de cupuaçu amargo (cupulate), centella, beldroega, capuchinha, guasca, as frutas verdes e as partes não convencionais das plantas, como cascas, talos e sementes estão aqui neste livro.

PETISCOS, ACOMPANHAMENTOS, SALADAS

4 porções

15 minutos

fácil

AIPIM SALTEADO COM ERVAS PANC

INGREDIENTES

5 colheres (sopa) de azeite de oliva extra virgem

10 folhas de guasca

10 folhas de centella

5 folhas de hortelã grossa

400 g de aipim cozido em água e sal marinho

MODO DE PREPARO

1. Numa frigideira grande, aqueça o azeite e refogue as ervas.

2. Acrescente o aipim e deixe fritar de 3 a 5 minutos de cada lado, até ele ficar dourado e crocante por fora.

4 porções

50 minutos

fácil

ARROZ COM TALOS DE AGRIÃO, SALSINHA E COUVE

INGREDIENTES

1 xícara (chá) de arroz-cateto integral

½ xícara (chá) de arroz selvagem

1 cebola picada

1 dente de alho picado

azeite de oliva a gosto

2 xícaras (chá) de talos de agrião, salsinha e couve picados

sal marinho a gosto

pimenta-do-reino a gosto

MODO DE PREPARO

1. Coloque o arroz-cateto integral e o selvagem para cozinhar em 3½ xícaras (chá) de água com uma pitada de sal por 35 minutos.

2. Numa panela média, refogue a cebola e o alho no azeite. Adicione os talos picados, refogue por mais 2 minutos e apague o fogo.

3. Misture o arroz cozido aos talos e tempere com o sal e a pimenta.

8 porções

50 minutos

fácil

ARROZ INTEGRAL COM FOLHAS DE FUNCHO

INGREDIENTES

2 xícaras (chá) de arroz-cateto integral deixado de molho por 8 horas

2 colheres (sopa) de azeite de oliva

2 dentes de alho picados

1 colher (chá) de gengibre picado

4 xícaras (chá) de água

1 colher (chá) de sal marinho

2 xícaras (chá) de folhas de funcho picadas

gengibre picado a gosto

MODO DE PREPARO

1. Escorra o arroz.

2. Numa panela, esquente o azeite e doure o alho e o gengibre. Junte o arroz, refogue, adicione a água e deixe ferver.

3. Em seguida, abaixe o fogo, acrescente o sal, tampe a panela e deixe cozinhar por 40 minutos.

4. Assim que o arroz estiver pronto, adicione as folhas de funcho e misture. Sirva quente ou frio.

15 porções

50 minutos

médio

BOLINHO DE PAINÇO AO PESTO

INGREDIENTES

bolinho

1 xícara (chá) de painço

2 xícaras (chá) de água

uma pitada de sal marinho

molho

1 xícara (chá) de manjericão

1 xícara (chá) de salsinha

1/3 de xícara (chá) de nozes

2/3 de xícara (chá) de queijo parmesão ralado (opcional)

2 colheres (sopa) de azeite de oliva

uma pitada de sal marinho

1 dente de alho

MODO DE PREPARO

1. Coloque o painço, a água e o sal numa panela e deixe ferver. Abaixe o fogo, tampe a panela e deixe cozinhar de 15 a 20 minutos.

2. Enquanto o painço cozinha, bata os ingredientes do molho no processador, formando o pesto.

3. Numa tigela grande, misture o pesto com o painço até obter uma massa.

4. Molde a massa em formato de bolinhas, coloque numa assadeira e leve ao forno a 220 °C por 20 minutos.

6 porções

45 minutos

médio

CAPONATA DE CORAÇÃO DE BANANEIRA

INGREDIENTES

1 coração de bananeira

½ xícara (chá) de vinagre ou suco de limão

2 colheres (sopa) de azeite de oliva extra virgem

2 colheres (sopa) de pimentão vermelho picado

½ cebola picada

1 dente de alho picado

1 colher (chá) de orégano

2 colheres (sopa) de azeitonas pretas picadas

sal marinho a gosto

pimenta-do-reino a gosto

MODO DE PREPARO

1. Corte o coração de bananeira em cubos pequenos.

2. Leve ao fogo uma panela com água e metade do vinagre. Junte o coração de bananeira e deixe ferver por 15 minutos. Escorra e repita o processo mais uma vez. Isso cortará a "cica" presente no coração de bananeira, além de retirar qualquer resquício de oxidação. Escorra e reserve.

3. Numa frigideira grande, aqueça o azeite e refogue o pimentão, a cebola e, por último, o alho. Acrescente as azeitonas e deixe cozinhar bem, adicione o coração de bananeira escorrido e tempere com orégano, sal e pimenta-do-reino.

12 porções

40 minutos

médio

COXINHA DE BATATA-BAROA COM CARNE DE JACA

INGREDIENTES

recheio

- 1 dente de alho amassado
- 1 cebola média picada
- 3 colheres (sopa) de azeite de oliva
- 2 xícaras (chá) de carne de jaca cozida e desfiada
- 1 colher (sopa) de urucum (ou colorau)
- 1 colher (chá) de cominho
- 1 colher (chá) de orégano
- sal marinho a gosto
- pimenta-do-reino a gosto
- ½ xícara (chá) de salsinha picada

massa

- 1 dente de alho picado
- ¼ de cebola picada
- 4 colheres (sopa) de azeite de oliva
- 2 xícaras (chá) de batata-baroa cozida e amassada
- ½ xícara da água do cozimento da batata-baroa
- 1 xícara (chá) de farinha de arroz
- sal marinho a gosto

para empanar e fritar

- 1 xícara (chá) de farinha de milho
- 1 garrafa de óleo de girassol

MODO DE PREPARO

recheio

1. Numa panela média, refogue o alho e a cebola no azeite.

2. Acrescente a carne de jaca, o urucum, o cominho, o orégano e deixe cozinhar por 5 minutos.

3. Adicione o sal, a pimenta e a salsinha, desligue o fogo e reserve.

massa

1. Numa panela média, refogue o alho e a cebola no azeite. Acrescente a batata-baroa e a água do cozimento e deixe ferver.

2. Abaixe o fogo, adicione a farinha de arroz e o sal e siga mexendo até que a massa descole do fundo da panela. Retire do fogo e deixe esfriar.

3. Modele as coxinhas, recheie e empane na farinha de milho.

4. Frite no óleo de girassol.

8 a 12 unidades

50 minutos

médio

EMPADINHA DE JACA

INGREDIENTES

recheio

3 colheres (sopa) de azeite de oliva

1 dente de alho amassado

1 cebola média picada

2 colheres (sopa) de pimentão vermelho picado

1 colher (sopa) de urucum (ou colorau)

2 xícaras (chá) de carne de jaca

sal marinho a gosto

1 colher (café) de cominho em pó

1 colher (chá) de orégano

massa

1 xícara (chá) de grão-de-bico cozido em água e sal

1 colher (sopa) de ghee ou azeite de oliva

1 colher (chá) de sal marinho

½ colher (chá) de cúrcuma

¾ de xícara (chá) de farinha de arroz

¼ de xícara (chá) de água gelada

MODO DE PREPARO

recheio

1. Numa panela média, refogue no azeite o alho, a cebola e o pimentão.

2. Acrescente o urucum e a carne de jaca, misture e deixe cozinhar por 5 minutos.

3. Tempere com o sal, o cominho e o orégano. Desligue o fogo e reserve.

massa

1. No processador, bata o grão-de-bico, o ghee, o sal e a cúrcuma.

2. Adicione a farinha e a água aos poucos e processe até virar uma massa homogênea e consistente.

3. Forre assadeiras de empadinha com a massa, recheie e cubra com mais massa. Leve ao forno a 190 ºC por 20 minutos.

4 porções

20 minutos

fácil

FAROFA DE FOLHAS DE BETERRABA, RABANETE E CASTANHAS

INGREDIENTES

½ cebola picada

2 colheres (sopa) de ghee

½ xícara (chá) de castanha-de-caju e castanha-do-pará picadas

1 xícara (chá) de folhas de beterraba e de rabanete cortadas fininhas

1 colher (chá) de sal marinho

¾ de xícara (chá) de farinha de mandioca

MODO DE PREPARO

1. Numa frigideira média, refogue a cebola no ghee e acrescente as castanhas picadas.

2. Junte as folhas e o sal. Refogue, mas não deixe as folhas murcharem (30 segundos).

3. Acrescente a farinha de mandioca e vá mexendo em fogo baixo até dourar a farinha (10 minutos).

8 porções

30 minutos

médio

FLOR DE ABOBRINHA RECHEADA

INGREDIENTES

200 g de tofu

1 colher (sopa) de salsinha picada

1 colher (sopa) de coentro picado

½ cebola picada

1 colher (chá) de orégano

2 colheres (sopa) de azeite de oliva

2 colheres (chá) de vinagre de maçã ou limão

1 colher (café) de sal marinho

8 flores de abobrinha

MODO DE PREPARO

1. Esprema o tofu para retirar o excesso de água. Com um garfo, amasse até que fique com aspecto de ricota.

2. Tempere com a salsinha, o coentro, a cebola, o orégano, o azeite, o vinagre e o sal. Reserve.

3. Abra as flores de abobrinha e recheie com o tofu temperado.

4. Unte um tabuleiro médio com azeite, coloque nele as flores recheadas e leve ao forno a 190 °C por aproximadamente 20 minutos.

6 porções

10 minutos

fácil

JACA VERDE FRITA

INGREDIENTES

500 ml de óleo de girassol (para fritar)

gomos de ½ jaca verde

sal marinho a gosto

MODO DE PREPARO

1. Numa panela grande, aqueça o óleo, junte lentamente os gomos de jaca e deixe fritar até que estejam dourados.

2. Retire a jaca da panela, ponha num prato forrado com papel-toalha e salpique com sal.

MAIONESE DE COENTRO E SEMENTE DE MAMÃO

1 xícara de chá

10 minutos + 1 hora de forno

médio

INGREDIENTES

1 xícara (chá) de sementes de 1 mamão maduro lavadas em água corrente

200 g de tofu

1 dente de alho pequeno

1 colher (café) de sal marinho

4 colheres (sopa) de azeite de oliva

¾ de xícara (chá) de coentro picado (pode substituir por salsinha ou manjericão)

½ limão espremido

MODO DE PREPARO

1. Coloque as sementes de mamão num tabuleiro e leve ao forno mais baixo possível, com a porta entreaberta, por 1 hora, ou até que estejam bem sequinhas.

2. Enquanto isso, faça a maionese. Bata todos os ingredientes no liquidificador, menos as sementes, até obter uma mistura homogênea.

3. Retire as sementes do forno, deixe esfriar e triture num moedor de pimenta ou amasse com a ajuda de um pilão. Sirva por cima da maionese ou misture.

MOSTARDA REFOGADA COM MOLHO DE TAHINE

4 porções

15 minutos

fácil

INGREDIENTES

molho de tahine

2 colheres (sopa) de tahine

4 colheres (sopa) de água

2 colheres (sopa) de missô

1 colher (sopa) de shoyu

½ dente de alho picado

mostarda

um fio de azeite de oliva

1 maço de mostarda cortado em tiras

MODO DE PREPARO

molho

Misture vigorosamente todos os ingredientes no processador ou com a ajuda de um garfo.

mostarda

1. Numa frigideira, aqueça o azeite e refogue as folhas de mostarda até que estejam murchas.

2. Apague o fogo e acrescente o molho de tahine.

4 porções

20 minutos

fácil

QUINOA COM VINAGRETE DE TALOS

INGREDIENTES

azeite de oliva a gosto

1 xícara (chá) de quinoa branca

2 xícaras (chá) de água

uma pitada de sal marinho

1 cebola picada

1 xícara (chá) de talos de salsinha, coentro, couve e beterraba picados

1 colher (café) de tomilho

1 colher (café) de cominho

suco de 1 limão

MODO DE PREPARO

1. Numa panela média, aqueça um fio de azeite e refogue a quinoa. Adicione a água, o sal e deixe ferver. Abaixe o fogo, cozinhe a quinoa por 15 minutos e reserve.

2. Numa tigela, coloque a quinoa cozida e tempere com a cebola, os talos, o tomilho, o cominho, azeite e limão.

RAIZ DE ALFACE GRELHADA COM MOLHO DE MOSTARDA

4 porções

15 minutos

fácil

INGREDIENTES

2 corações de alface-romana

2 corações de alface-americana

2 corações de alface-roxa

um fio de azeite de oliva

molho

1 colher (sobremesa) de mostarda

1 colher (sobremesa) de mel cru

2 colheres (sopa) de azeite de oliva

suco de 1 limão

sal marinho a gosto

MODO DE PREPARO

1. Para obter o coração da alface, corte a raiz das alfaces, mas não muito rente. Deixe um dedo de folha.

2. Coloque um fio de azeite numa frigideira média e deixe esquentar bem.

3. Ponha a raiz das alfaces sobre o azeite quente, com as folhas viradas para baixo, e deixe grelhar por alguns minutos, ou até dourar.

molho

1. Misture tudo com um fouet e acerte o tempero.

2. Despeje o molho sobre as raízes grelhadas.

4 porções

10 minutos

fácil

SALADA COM MOLHO DE SEMENTE DE MAMÃO

INGREDIENTES

molho

3 colheres (sopa) de shoyu de fermentação natural

2 colheres (sopa) de azeite de oliva

½ limão espremido

¼ xícara (chá) de cebola picada

salada

1 maço de alface-romana

1 maço alface-americana

1 maço alface-roxa

1 xícara (chá) de uma mistura de guasca, hortelã grossa, beldroega, artemísia, centella

2 colheres (sopa) de sementes de mamão secas e moídas (veja receita da Maionese de coentro e semente de mamão na p. 30)

MODO DE PREPARO

1. Numa tigela pequena, misture com um fouet todos os ingredientes do molho.

2. Numa tigela maior, rasgue as folhas de alface grosseiramente, junte as ervas, regue com o molho e misture.

3. Acrescente as sementes de mamão por cima.

6 porções

50 minutos

difícil

SALADA DE CASCA DE MELANCIA COM BETERRABA E NOZES

INGREDIENTES

cascas de ¼ de melancia

1 beterraba com casca cortada em cubos pequenos

1 colher (chá) de melado de cana

uma pitada de sal marinho

1 colher (chá) de azeite de oliva

1 dente de alho picado

½ cebola picada

¼ de xícara (chá) de nozes

¼ de xícara (chá) de queijo de minas curado cortado em cubos

MODO DE PREPARO

1. Retire a parte verde-escura das cascas de melancia e corte-as em cubos médios.

2. Num tabuleiro pequeno, coloque a beterraba, o melado, o sal, um fio de azeite e leve ao forno a 180 °C por aproximadamente 20 minutos. Reserve.

3. Numa frigideira média, refogue o alho e a cebola no azeite, acrescente as cascas de melancia, abaixe o fogo e tampe a frigideira. Deixe cozinhar até as cascas ficarem macias.

4. Acrescente as nozes ao tabuleiro com a beterraba e leve ao forno novamente por aproximadamente 10 minutos, ou até que as nozes estejam douradas.

5. Numa travessa grande, misture as cascas de melancia, o assado de beterraba e o queijo de minas curado.

3 porções

5 horas

difícil

SALADA DE MAMÃO VERDE

INGREDIENTES

1 papaia verde com casca cortada em julienne

1 manga verde sem casca cortada em julienne

4 colheres (sopa) de amendoim torrado

marinada

2 colheres (sopa) de rapadura

3 colheres (sopa) de coentro fresco picado

2 colheres (sopa) de cebola picada

1 pimenta dedo-de-moça

1 colher (sopa)de vinagre de maçã

1 colher (sopa) de azeite de oliva

suco de 1 limão

sal marinho a gosto

MODO DE PREPARO

1. No processador, bata todos os ingredientes da marinada e reserve.

2. Numa tigela grande, misture o mamão, a manga e a marinada. Leve à geladeira até a hora de servir. Tire da geladeira e salpique com o amendoim.

2 porções

30 minutos

fácil

TEMPURÁ DE RAÍZES

INGREDIENTES

massa

- 1 xícara (chá) de farinha de trigo integral
- ¾ de xícara (chá) de água
- 1 colher (sopa) de azeite de oliva
- uma pitada de sal marinho
- óleo de girassol para fritar

raízes

- de 5 a 10 raízes de cebolinha
- de 5 a 10 raízes de coentro

MODO DE PREPARO

1. Numa tigela funda, junte a farinha de trigo integral, a água e o azeite, misturando bem para não empelotar. Adicione o sal e mexa até a massa ficar homogênea.

2. Numa panela pequena, aqueça o óleo de girassol.

3. Mergulhe as raízes na massa de tempurá e frite de uma em uma, até dourar levemente. Retire do óleo e disponha em um prato forrado com papel-toalha para retirar o excesso de gordura.

PRATOS PRINCIPAIS

CASCA DE MELÃO GRATINADA COM CREME DE COUVE-FLOR

4 a 6 porções

40 minutos

médio

INGREDIENTES

⅓ de couve-flor

sal marinho a gosto

1 dente de alho picado

½ cebola picada

1 colher (sobremesa) de azeite de oliva

casca de ½ melão cortada em fatias de 1 cm

1 pitada de sal

noz-moscada, cominho e pimenta-do-reino a gosto

queijo de minas curado (serra da Canastra) ou parmesão ralado para gratinar

MODO DE PREPARO

1. Cozinhe a couve-flor em água e sal até ela ficar bem macia (por volta de 10 minutos). Reserve.

2. Numa frigideira média, refogue o alho e a cebola no azeite até dourarem. Acrescente a casca de melão, uma pitada de sal e refogue por 10 minutos, ou até ela ficar macia.

3. Bata no liquidificador a couve-flor cozida e as especiarias. Pode colocar o mínimo de água ou azeite, se precisar.

4. Numa travessa pequena ou numa panela que possa ir ao forno, coloque o refogado de melão, despeje o creme de couve-flor por cima e salpique com o queijo ralado.

5. Leve ao forno a 200 °C por 20 minutos para gratinar.

2 porções

30 minutos

médio

CREME DE FOLHA DE BATATA-DOCE COM COGUMELOS

INGREDIENTES

1 dente de alho picado

1 cebola picada

2 colheres (sopa) de ghee

2 tomates picados em cubos pequenos

1 colher (café) de cominho

pimenta-do-reino a gosto

1 colher (chá) de curry

1 colher (sopa) de massala

sal marinho a gosto

¼ de xícara (chá) de castanha-de-caju

1 xícara (chá) de água

2 xícaras (chá) de folhas de batata-doce escaldadas em 1 litro de água

200 g de cogumelo-de--paris

MODO DE PREPARO

1. Numa frigideira grande e funda, refogue o alho e a cebola em uma colher de sopa de ghee. Acrescente o tomate e tempere com as especiarias e sal. Deixe cozinhar de 5 a 10 minutos.

2. Numa outra panela, cozinhe as castanhas em água por 10 minutos. Escorra e reserve.

3. No liquidificador, bata o refogado de tomate com as castanhas. Junte as folhas de batata-doce e bata bem até virar um creme bem verde.

4. Na mesma frigideira em que fez o tomate, refogue o cogumelo em uma colher de sopa de ghee. Tempere com sal e cozinhe por 5 minutos. Acrescente o creme de folhas e misture.

5. Pode servir como sopa ou acompanhado de arroz e legumes.

4 porções

20 minutos

fácil

CURRY DE CAROÇO DE JACA

INGREDIENTES

½ cebola picada

2 dentes de alho picados

1 colher (chá) de gengibre fresco picado

1 colher (sopa) de ghee ou óleo de coco

1 colher (chá) de cominho

1 colher (sopa) de curry

2 colheres (chá) de cúrcuma

4 tomates picados com pele e sementes

2 xícaras (chá) de caroços de jaca cozidos e descascados

400 ml de leite de coco

2 colheres (sopa) de coentro fresco picado

MODO DE PREPARO

1. Numa panela média, refogue a cebola, o alho e o gengibre no ghee. Acrescente todas as especiarias e o tomate, misture e deixe cozinhar por 5 minutos.

2. Junte os caroços de jaca, o leite de coco e o coentro, mexa e deixe ferver de 5 a 10 minutos com a panela tampada.

6 porções

60 minutos

difícil

EMPADÃO COM RECHEIO DE CORAÇÃO DE BANANEIRA

INGREDIENTES

recheio

- ½ xícara (chá) de vinagre ou suco de limão
- 1 coração de bananeira pequeno cortado em cubos
- 4 colheres (sopa) de azeite de oliva extra virgem
- 2 colheres (sopa) de pimentão vermelho picado
- ½ cebola picada
- 1 dente de alho picado
- 1 colher (chá) de orégano
- 2 colheres (sopa) de azeitonas pretas picadas
- ⅓ de couve-flor cozida
- sal marinho a gosto
- noz-moscada a gosto
- pimenta-do-reino a gosto

massa

- 1 xícara (chá) de grão-de-bico cozido em água e sal
- 1 colher (sopa) de azeite de oliva
- 1 colher (chá) de sal marinho
- ½ colher (chá) de cúrcuma
- ¼ de xícara (chá) de água gelada
- ¼ de xícara (chá) de farinha de arroz

MODO DE PREPARO

recheio

1. Leve ao fogo uma panela com água e metade do vinagre. Junte o coração de bananeira e deixe ferver por 15 minutos. Escorra e repita o processo mais uma vez. Isso cortará a "cica" presente no coração de bananeira, além de retirar qualquer resquício de oxidação. Escorra e reserve.

2. Numa frigideira grande, aqueça duas colheres de sopa de azeite e refogue o pimentão, a cebola e, por último, o alho. Adicione o coração de bananeira escorrido e deixe cozinhar bem. Em seguida, junte o orégano e as azeitonas. Misture e reserve.

3. No liquidificador, bata a couve-flor com duas colheres de sopa de azeite, sal, noz-moscada e pimenta-do-reino a gosto, até obter um creme.

4. Adicione o creme ao refogado de coração de bananeira e misture.

massa

1. No processador, bata o grão-de-bico cozido, o azeite, o sal e a cúrcuma.

2. Adicione a água e a farinha aos poucos e processe até a massa ficar bem empelotada.

3. Forre 5 potinhos de porcelana com a massa, ou uma travessa média, recheie e cubra com mais massa. Leve ao forno a 180 ºC de 30 a 40 minutos.

10 unidades

40 minutos

médio

HAMBÚRGUER DE FEIJÃO-MANTEIGUINHA

INGREDIENTES

1 xícara (chá) de feijão-manteiguinha deixado de molho por 6 horas

sal marinho a gosto

1 cebola pequena picada grosseiramente

2 dentes de alho pequenos e amassados

¼ de pimentão vermelho

2 colheres (sopa) de azeite de oliva extra virgem

suco de ½ limão

pimenta-do-reino a gosto

½ xícara (chá) de cenoura ralada

¼ de xícara (chá) de salsinha picada

MODO DE PREPARO

1. Despreze a água do molho e, numa panela média, coloque o feijão-manteiguinha para cozinhar com água e sal por aproximadamente 20 minutos.

2. Num processador, bata o feijão cozido, a cebola, o alho, o pimentão vermelho, o azeite, o limão e a pimenta. Processe até a massa ficar homogênea.

3. Retire a massa do processador, coloque numa tigela média, acrescente a cenoura ralada e a salsinha. Misture todos os ingredientes, acerte o sal e modele os hambúrgueres.

4. Numa fôrma untada com azeite, disponha os hambúrgueres e leve para assar em forno preaquecido a 190 ºC por mais ou menos 25 minutos. Para que os hambúrgueres fiquem completamente dourados, vire-os com cuidado após 15 minutos. Retire do forno e deixe amornar para retirar da fôrma. Eles precisam esfriar um pouco para ficar mais firmes e não quebrarem com facilidade.

6 porções

40 minutos +
30 minutos de forno

médio

LOMBO DE PALMITO DE JACA

INGREDIENTES

2 dentes de alho amassados

¼ de cebola picada

sal marinho a gosto

suco de 1 limão

7 colheres (sopa) de azeite de oliva

3 colheres (sopa) de shoyu

1 lombo de jaca cozido

6 rodelas de abacaxi

MODO DE PREPARO

1. Bata no liquidificador o alho, a cebola, o sal, o suco de limão, o azeite e o shoyu.

2. Numa travessa, deixe o lombo de jaca de molho nessa marinada por pelo menos 30 minutos na geladeira.

3. Numa fôrma, disponha as fatias de abacaxi na vertical e sobrepostas. Coloque o lombo marinado para assar numa fôrma pequena. Regue com o caldo e guarneça com as rodelas de abacaxi. Leve ao forno a 180 °C por 30 minutos.

8 porções

50 minutos

médio

MACARRÃO COM ALMÔNDEGAS DE CASCA DE BANANA

INGREDIENTES

massa

500 g de macarrão integral

2 litros de água

1 colher (chá) de sal marinho

um fio de azeite de oliva

almôndegas

cascas de 10 bananas picadas

2 dentes de alho picados

¼ de cebola picada

1 colher (sopa) de orégano

1 colher (sopa) de azeite de oliva

¼ de xícara (chá) de manjericão picado

1 colher (café) de urucum ou colorau

1 colher (café) de cúrcuma

1 colher (café) de cominho

uma pitada de noz-moscada

uma pitada de pimenta-do-reino

sal marinho a gosto

1 ovo

100 g de farinha de aveia

molho de tomate

500 g de tomates maduros

1 dente de alho

½ cebola picada

4 colheres (sopa) de azeite de oliva

1 colher (chá) de cominho

½ colher (chá) de noz-moscada

1 colher (chá) de orégano

½ xícara (chá) de folhas de manjericão

MODO DE PREPARO

almôndegas

1. Em uma tigela, misture todos os ingredientes até formar uma massa homogênea e modelável. Se precisar, deixe descansar por 15 minutos, ou até que dê liga.

2. Faça bolinhas e reserve.

molho de tomate

1. Bata os tomates e o alho no liquidificador.

2. Numa panela média, refogue a cebola no azeite até dourar. Adicione todos os temperos e deixe dourar mais um pouco.

3. Junte à panela o suco de tomate e o manjericão. Leve ao fogo médio e, quando levantar fervura, abaixe o fogo. Adicione as almôndegas e deixe cozinhar com a panela tampada de 15 a 20 minutos.

4. Enquanto as almôndegas cozinham, coloque uma panela com água para ferver. Acrescente 1 colher (chá) de sal e um fio de azeite. Adicione o macarrão e deixe cozinhar por volta de 10 minutos ou até ficar al dente. Escorra o macarrão, coloque numa travessa e despeje o molho e as almôndegas por cima.

6 porções

20 minutos

fácil

MACARRÃO COM PESTO DE RAMA DE CENOURA

INGREDIENTES

macarrão

2 litros de água

um fio de azeite de oliva

sal marinho a gosto

500 g de macarrão de arroz

pesto de ramas de cenoura

de ¼ a 1/3 de xícara (chá) de azeite de oliva

2 xícaras (chá) de manjericão

2 xícaras (chá) de ramas de cenoura

1 dente de alho

150 g de sementes de abóbora

sal marinho a gosto

montagem

um fio de azeite

¼ de xícara (chá) de leite vegetal (amêndoa, coco, arroz, aveia etc.)

MODO DE PREPARO

macarrão

1. Numa panela grande, coloque a água e leve ao fogo. Quando a água ferver, acrescente o azeite, o sal e o macarrão. Mexa bem.

2. Depois de 8 minutos, verifique o ponto do macarrão. Ele deve estar al dente. Escorra e reserve.

pesto

1. Num processador, bata o azeite, as folhas de manjericão, as ramas de cenoura, o alho e, por último, as sementes de abóbora. Processe até formar um pesto espesso.

2. Tempere com o sal.

montagem

1. Na mesma panela do cozimento do macarrão, despeje um fio de azeite, o leite vegetal e o pesto. Leve ao fogo e dissolva o pesto até ele ficar bem cremoso. Acrescente o macarrão e misture bem.

8 porções

50 minutos

difícil

MOQUECA DE CAROÇO DE JACA

INGREDIENTES

2 xícaras (chá) de caroços de jaca verde

2 colheres (sopa) de azeite de oliva

½ cebola picada

2 tomates picados

½ pimentão verde picado e ½ fatiado

1 banana amassada

1 cebola fatiada

400 ml de leite de coco

1 colher (chá) de sal marinho

3 colheres (sopa) de azeite de dendê

1 maço de coentro picado

MODO DE PREPARO

1. Cozinhe os caroços de jaca numa panela de pressão com 1 litro de água por 20 minutos. Escorra e reserve.

2. Numa panela de barro, esquente o azeite de oliva e refogue a cebola picada, o tomate e o pimentão picado.

3. Acrescente ao refogado os caroços de jaca cozidos, a banana amassada, a cebola fatiada, o pimentão fatiado, o leite de coco e o sal. Deixe ferver. Junte o dendê e o coentro, misture e apague o fogo.

6 porções

1h30

médio

NHOQUE DE BATATA-DOCE ROXA

INGREDIENTES

4 batatas-doces roxas grandes

2 colheres (sopa) de azeite de oliva ou 1 gema de ovo

½ xícara (chá) de farinha de arroz

1 colher (chá) de noz-moscada ralada

sal marinho a gosto

¼ de xícara (chá) de fécula de mandioca, polvilho, araruta ou amido de milho

azeite para selar o nhoque

MODO DE PREPARO

1. Coloque as batatas com casca numa assadeira e leve ao forno a 200 ºC por 20 minutos, ou até ficarem macias. Se preferir, pode cozinhar as batatas sem casca no vapor ou na água. Mas no forno elas ficam mais enxutas e sequinhas.

2. Descasque as batatas ainda quentes, ponha numa tigela grande e amasse. Assim que a batata amornar, adicione o azeite e mexa bem para a mistura ficar homogênea.

3. Junte, aos poucos, a farinha de arroz, mexendo sempre. Tempere com a noz-moscada e o sal. Misture bem.

4. Polvilhe uma bancada com a fécula de mandioca e sove a massa nela, para que fique bem homogênea, lisa e sem grudar. Se necessário, adicione um pouco mais de farinha de arroz nesta etapa.

5. Faça rolinhos com a massa e corte em pedaços de 2 cm. Cozinhe os nhoques em água fervente com sal. Quando a massa subir, retire e coloque em uma tigela com água gelada, para interromper o cozimento. Escorra, transfira para uma nova tigela e regue com um pouco de azeite, para que os nhoques não grudem uns nos outros.

6. Numa frigideira, aqueça o azeite e sele os nhoques de ambos os lados, até ficarem com uma crosta dourada. Sirva com o molho de sua preferência.

4 porções

30 minutos

difícil

RISOTO DE BETERRABA COM RAIZ DE TAIOBA

INGREDIENTES

2 xícaras (chá) de beterraba cortada em quartos

450 ml de água

½ cebola picada

2 colheres (sopa) de azeite de oliva

½ xícara (chá) de raiz de taioba cortada em cubos de 1cm

noz-moscada a gosto

orégano a gosto

sal marinho a gosto

1 xícara (chá) de arroz arbóreo

50 g de queijo parmesão ralado (opcional)

MODO DE PREPARO

1. No liquidificador, bata a beterraba com a água até obter um suco. Reserve (não precisa coar).

2. Numa panela média, refogue a cebola no azeite, acrescente a raiz de taioba, tempere com noz-moscada, orégano e sal.

3. Junte o arroz e refogue por mais alguns minutos. A seguir, adicione ½ xícara de suco de beterraba, mexendo sempre, até começar a secar. Coloque mais ½ xícara do suco e repita o processo até terminar o caldo e o arroz ficar al dente (15 minutos)

4. Junte o parmesão ralado, misture e sirva.

RISOTO DE TALOS DE TAIOBA COM COGUMELO IANOMÂMI

4 porções
30 minutos + 30 minutos de forno
médio

INGREDIENTES

3 cebolas

2 xícaras (chá) de cogumelos

500 ml de água

1 ramo de alecrim fresco

1 ramo de tomilho fresco

2 xícaras (chá) de talos de taioba

3 colheres (sopa) de azeite de oliva extra virgem

sal marinho a gosto

1 cebola cortada em cubinhos

1 xícara (chá) de arroz arbóreo

2 xícaras (chá) de vinho branco

pimenta-do-reino a gosto

1 colher (sopa) de raspas de limão-siciliano

MODO DE PREPARO

1. Coloque as 3 cebolas inteiras no forno a 200 °C por 30 minutos.

2. Coloque os cogumelos, a água, o alecrim e o tomilho numa panela, leve ao fogo e ferva por 10 minutos. Retire os cogumelos com uma escumadeira, corte em pedaços um pouco menores e reserve. Reserve também a água do cozimento.

3. Descasque os talos de taioba com um descascador de legumes ou com a ajuda de uma faca e corte-os na diagonal, em fatias de 0,5 cm. Reserve.

4. Tire a cebola do forno, retire as cascas e bata-a no liquidificador ou processador com 2 colheres (sopa) de azeite e uma pitada de sal, até virar um creme. Reserve.

5. Numa panela funda, refogue a cebola em cubinhos no restante do azeite, até ela ficar transparente e macia. Junte os cogumelos hidratados e refogue por cerca de 5 minutos, até eles soltarem bastante líquido e depois ficarem secos.

6. Junte os talos de taioba, refogue por 1 minuto e adicione o arroz. Refogue por mais 1 minuto, para secar e torrar levemente os grãos. Adicione o vinho branco, uma xícara por vez, mexendo bem e deixando evaporar todo o líquido entre uma e outra.

7. Em seguida, adicione o caldo do cozimento dos cogumelos, uma xícara por vez, mexendo sempre e deixando o arroz absorver bem o líquido entre uma e outra. Esse processo deve levar em torno de 15 minutos, até o arroz ficar al dente. Acrescente o creme de cebola e misture.

8. Tempere com sal, pimenta-do-reino e as raspas de limão-siciliano. Sirva imediatamente.

4 porções

30 minutos

fácil

SOPA DE COUVE-FLOR COM TALOS E FOLHAS

INGREDIENTES

1 cebola picada

um fio de azeite de oliva

1 couve-flor inteira (não descarte as folhas)

4 xícaras (chá) de água

sal marinho a gosto

noz-moscada a gosto

pimenta-do-reino a gosto

½ xícara (chá) de folhas de beldroega

MODO DE PREPARO

1. Numa panela média, refogue a cebola no azeite. Acrescente a couve-flor, as folhas e a água. Tempere com sal e cozinhe até que a couve-flor fique macia (por volta de 10 minutos), com a panela tampada.

2. Transfira a couve-flor e as folhas para o liquidificador e acrescente o mínimo de água do cozimento. Bata até virar uma sopa bem cremosa. Ponha de volta na panela para aquecer. Tempere com noz-moscada e pimenta, adicione as folhas de beldroega e sirva ainda quente.

TABULE DE QUINOA AZUL E JENIPAPO VERDE

4 porções

40 minutos

difícil

INGREDIENTES

50 g de jenipapo verde com casca e sementes

500 ml de água

1 xícara (chá) de quinoa

sal marinho a gosto

2 pepinos picados

2 tomates picados

1 cebola picada

½ xícara (chá) de hortelã picada

suco de 1 limão

3 colheres (sopa) de azeite de oliva

pimenta-do-reino a gosto

cominho a gosto

MODO DE PREPARO

1. Bata o jenipapo e a água no liquidificador, peneire e reserve o suco.

2. Numa panela média, coloque a quinoa, o suco de jenipapo e o sal. Cozinhe em fogo médio, com a panela tampada, até secar (15 minutos). Apague o fogo.

3. Numa tigela grande, misture a quinoa a todos os outros ingredientes. Prove o tempero e sirva.

4 a 6 porções

45 minutos

fácil

KITCHARI DE LENTILHA ROSA E MORINGA

INGREDIENTES

½ couve-flor

1 cenoura

2½ colheres (sopa) de ghee

½ colher (sopa) de gengibre fresco

½ colher (sopa) de cominho em grãos

2 colheres (chá) de cúrcuma

½ xícara (chá) de lentilha rosa

½ xícara (chá) de arroz-cateto integral

4 xícaras (chá) de água

sal marinho a gosto

1 colher (chá) de curry

½ xícara (chá) de folhas de moringa

MODO DE PREPARO

1. Corte a couve-flor em floretes e a cenoura em cubinhos pequenos.

2. Numa panela de pressão, derreta 2 colheres (sopa) de ghee e refogue o gengibre e o cominho. Em seguida, adicione a couve-flor e a cúrcuma. Refogue por 1 minuto.

3. Acrescente a cenoura à panela, mexa por alguns segundos, junte a lentilha e o arroz escorrido, a água e o sal. Deixe ferver. Tampe a panela, abaixe o fogo e cozinhe por aproximadamente 30 minutos. O ponto é de um arroz cremoso, com bastante caldo.

4. Numa frigideira à parte, aqueça ½ colher (sopa) de ghee e adicione o curry. Junte as folhas de moringa e refogue. Misture no kitchari ou salpique por cima.

SOBREMESAS

6 a 8 porções

30 minutos

fácil

ARROZ-DOCE COM AÇÚCAR DE COCO

INGREDIENTES

400 ml de leite de coco

300 ml de água

70 g de açúcar de coco ou rapadura ralada

70 g de arroz polido

1 pau de canela

2 folhas de laranjeira

raspas de cumaru ou 1 colher (chá) de extrato de baunilha

MODO DE PREPARO

1. Numa panela média, misture o leite de coco, a água e o açúcar de coco. Adicione o arroz e os temperos. Leve ao fogo e deixe ferver, depois abaixe o fogo e cozinhe por 30 minutos. O arroz deve ficar bem molinho, mas não pode secar. Se precisar, adicione mais leite de coco. Na hora de servir, retire as folhas de laranjeira e o pau de canela.

12 a 16 unidades

40 minutos

médio

BISCOITO DE AVEIA COM GELEIA DE MALVAVISCO

INGREDIENTES

geleia

2 xícaras (chá) de morangos cortados ao meio

2 xícaras (chá) de flores de malvavisco

1 colher (sopa) de água

1 colher (sopa) de açúcar mascavo

massa

2 xícaras (chá) de farinha de aveia

2 colheres (sobremesa) de sementes de chia trituradas

uma pitada de sal marinho

2 colheres (sopa) de melado de cana

2 colheres (sopa) de azeite de oliva

2 colheres (sopa) de óleo de coco

MODO DE PREPARO

geleia

1. Numa panela grande, coloque o morango, o malvavisco (sem cabinhos), a água e o açúcar. Tampe a panela, leve ao fogo médio e deixe ferver. Abaixe o fogo e cozinhe por 20 minutos, mexendo de vez em quando para não grudar. Se o morango secar muito, coloque mais água e mexa bem. O morango e o malvavisco devem desmanchar e ficar com consistência pastosa.

massa

1. Numa tigela, misture os ingredientes secos. Em outra tigela, misture os ingredientes molhados. Despeje a mistura líquida sobre os ingredientes secos e mexa com uma colher, até obter uma massa homogênea. Se a massa ficar muito seca, pode acrescentar 1 colher (sopa) de leite vegetal (amêndoa, coco, arroz, aveia etc.).

2. Modele os biscoitos no formato de um disco, pressionando o centro para dar espaço para colocar a geleia.

3. Depois que os biscoitos estiverem prontos e dispostos numa fôrma, coloque a geleia no centro de cada um com a ajuda de uma colherzinha.

4. Leve ao forno a 180 °C por 20 minutos. Assim que saírem do forno, os biscoitos estarão macios. Espere esfriar para retirá-los da fôrma e servi-los bem crocantes.

20 unidades

30 minutos

fácil

BISCOITO DE CUPUAÇU

INGREDIENTES

- 1 xícara (chá) de farinha de aveia
- ¼ de xícara (chá) de farinha (mesocarpo) de babaçu
- ½ xícara (chá) de cupuaçu em pó
- ¼ de xícara (chá) de açúcar mascavo
- 4 colheres (sopa) de nibs de cacau
- 4 colheres (sopa) de pasta de amendoim
- 4 colheres (sopa) de óleo de coco
- 3 colheres (sopa) de melado de cana

MODO DE PREPARO

1. Numa tigela grande, misture todos os ingredientes secos. A seguir, junte os ingredientes molhados e misture até obter uma massa homogênea.

2. Modele os biscoitos no formato de sua preferência, distribua numa assadeira (não precisa untar) e leve ao forno a 180 °C de 10 a 15 minutos.

20 unidades

30 minutos

fácil

BISCOITO DE FUBÁ COM FUNCHO

INGREDIENTES

1 xícara (chá) de farinha de aveia

1 xícara (chá) de fubá de milho

1 colher (sopa) de sementes de funcho

⅓ de xícara (chá) de óleo de coco

⅓ de xícara (chá) de melado de cana

uma pitada de bicarbonato de sódio

MODO DE PREPARO

1. Preaqueça o forno a 180 °C.

2. Numa tigela, misture todos os ingredientes até a massa ficar homogênea e lisa.

3. Modele os biscoitos, coloque numa assadeira polvilhada de fubá e leve ao forno. Asse a 180 °C, de 15 a 18 minutos.

BOLO DE MARACUJÁ COM CALDA DE CASCA DE MARACUJÁ

1 bolo médio

50 minutos

médio

INGREDIENTES

bolo

- 2 maracujás
- 350 ml de água
- ¼ de xícara (chá) de castanha-de-caju
- 2 xícaras (chá) de farinha de trigo branca
- 1 xícara (chá) de farinha de trigo integral
- 2 xícaras (chá) de açúcar mascavo
- 1 colher (sopa) de fermento
- 1 colher (café) de bicarbonato de sódio
- ½ xícara (chá) de óleo de coco

calda

- polpa e casca de 2 maracujás
- 250 ml de água
- 1 pau de canela
- 6 cravos-da-índia
- 1 xícara (chá) de açúcar mascavo

MODO DE PREPARO

bolo

1. Preaqueça o forno a 190 °C.

2. Bata no liquidificador as polpas e as sementes dos maracujás com a água e a castanha-de-caju (precisa render 1½ xícara; caso contrário, acrescente mais água).

3. Numa tigela média, peneire as farinhas, o açúcar, o fermento e o bicarbonato.

4. Junte o óleo de coco e o suco de maracujá aos ingredientes secos e misture até obter uma massa homogênea.

5. Unte uma fôrma de bolo comum, de 25 cm de diâmetro, com óleo de coco e farinha branca, despeje nela a massa e leve ao forno a 190 °C por aproximadamente 40 minutos.

calda

1. Com o auxílio de um descascador, retire a parte amarela da casca dos maracujás. Corte os maracujás ao meio e reserve a polpa. Com uma colher, limpe a parte branca (pele) da fruta. Corte a casca em 4 partes.

2. Coloque a casca numa panela grande, cubra com água e leve para ferver. Assim que levantar fervura, escorra e repita o processo três vezes. Reserve.

3. No liquidificador, bata a polpa dos maracujás com a água e despeje o suco numa panela, juntamente com a canela, o cravo e o açúcar. Leve ao fogo, deixe ferver, abaixe o fogo e cozinhe por cerca de 15 minutos. Se preciso, mexa.

montagem

Desenforme o bolo, cubra com a calda e disponha as lascas de maracujá por cima.

20 unidades

30 minutos

fácil

BRIGADEIRO DE COLHER

INGREDIENTES

1 xícara (chá) de castanha-de-caju hidratada por 2 horas

2½ xícaras (chá) de água

150 g de rapadura ralada

5 colheres (sopa) de cacau em pó

1 colher (chá) de ghee ou manteiga de cacau

1 colher (chá) de extrato de baunilha do cerrado (pode usar a baunilha tradicional)

MODO DE PREPARO

1. Bata as castanhas e a água no liquidificador. Reserve.

2. Numa panela média, coloque a rapadura ralada, leve ao fogo baixo e deixe dissolver. Acrescente o leite de castanha e mexa com uma colher de pau até obter o ponto de leite condensado (mais ou menos 8 minutos).

3. Junte o cacau em pó e continue a mexer até atingir a textura de brigadeiro de colher (5 minutos).

4. Adicione o ghee e o extrato de baunilha e mexa por mais alguns minutos. Retire do fogo e coloque em copinhos.

BROWNIE DE FARINHA DE MANDIOCA E BABAÇU

12 unidades

40 minutos

médio

INGREDIENTES

2 colheres (sopa) de óleo de coco

120 g de chocolate com 70% de cacau

½ xícara (chá) de açúcar mascavo

¼ de xícara (chá) de cacau em pó

⅓ de xícara (chá) de farinha de mandioca

1 colher (chá) de linhaça hidratada em ½ xícara (chá) de água e triturada

óleo de coco para untar

1 colher (sobremesa) de mesocarpo de babaçu (pode substituir por fécula de mandioca ou araruta)

MODO DE PREPARO

1. Preaqueça o forno a 180 °C.

2. Numa tigela média, misture o óleo de coco e o chocolate. Leve ao fogo em banho-maria até dissolver o chocolate. Reserve.

3. Em outra tigela, misture os ingredientes secos.

4. Com o auxílio de um batedor, incorpore a linhaça hidratada ao chocolate derretido e acrescente a mistura aos ingredientes secos. Misture bem.

5. Unte uma fôrma de bolo inglês média com óleo de coco e o mesocarpo de babaçu. Despeje a massa na fôrma e leve ao forno por 15 minutos.

15 porções

30 minutos

fácil

COOKIE DA FLOR

INGREDIENTES

1/3 de xícara (chá) de óleo de coco semissólido

2/3 de xícara (chá) de açúcar mascavo ou de coco

1 1/4 xícara (chá) de farinha de aveia (bater a aveia em flocos no liquidificador até ficar bem fininha)

1/4 de xícara (chá) de leite vegetal (amêndoa, coco ou arroz)

uma pitada de bicarbonato de sódio (opcional, para deixar o cookie mais fofinho)

3/4 de xícara (chá) de chocolate picado ou gotinhas de chocolate com 70% de cacau

MODO DE PREPARO

1. Preaqueça o forno a 180 °C.

2. Numa tigela, misture o óleo de coco, o açúcar mascavo e a farinha de aveia.

3. Acrescente os demais ingredientes, exceto o chocolate picado. Misture bem, junte o chocolate e misture novamente.

4. Com a ajuda de uma colher, coloque os cookies numa fôrma como se fossem bolas de sorvete e leve ao forno por 10 minutos (o cookie vai derreter e ficar no formato perfeito).

6 porções

30 minutos

médio

CREME DE CHOCOLATE COM PAINÇO

INGREDIENTES

- ½ xícara (chá) de painço
- 3 colheres (sopa) de açúcar mascavo
- 1½ xícara (chá) de leite de coco
- 1½ xícara (chá) de água
- 120 g de chocolate com 70% de cacau
- 1 colher (chá) de extrato de baunilha do cerrado (ou baunilha convencional)

MODO DE PREPARO

1. Numa panela média, misture o painço, o açúcar, o leite de coco e a água. Leve ao fogo alto e, assim que ferver, abaixe o fogo e deixe cozinhar por 20 minutos. Mexa bem e reserve.

2. Numa tigela de vidro média, coloque o chocolate para derreter em banho-maria e reserve.

3. Num processador, bata o painço cozido, a baunilha e o chocolate derretido. Processe até obter um creme homogêneo. Sirva ainda quente/morno. Se esfriar, ele endurece.

4 porções

20 minutos

fácil

CREME DE INHAME, AMORA E MORANGO

INGREDIENTES

- 1½ xícara (chá) de inhame picado e bem cozido
- 1 xícara (chá) de morangos picados
- 1 xícara (chá) de amoras
- 2 colheres (sopa) de mel cru ou melado de cana
- ½ xícara (chá) de castanha-de-caju hidratada
- 1 colher (chá) de extrato de baunilha (opcional)

MODO DE PREPARO

1. Bata todos os ingredientes no liquidificador e leve à geladeira por algumas horas, para servir frio.

2. Na hora de servir, decore com frutas.

1 xícara de chá (300 g)

10 minutos +
20 minutos de forno

fácil

DOCE CROCANTE DE CASCA DE COCO

INGREDIENTES

1 coco seco

1½ colher (sopa) de rapadura ralada

1 colher (chá) de cacau em pó

MODO DE PREPARO

1. Leve o coco seco ao forno a 200 ºC por 20 minutos, ou até ele rachar. Retire a casca grossa e dura. Corte a casca fina e marrom em lascas e utilize a parte branca para fazer o leite ou outras receitas que pedem coco ralado (pode guardar no congelador).

2. Numa frigideira média, coloque as lascas de coco e torre em fogo médio por aproximadamente 3 minutos.

3. Junte a rapadura, deixe derreter e mexa bem até caramelizar todo o coco. Adicione o cacau e misture.

4. Despeje as lascas num prato para esfriar e depois guarde num pote.

1 kg

40 minutos

fácil

DOCE DE ABÓBORA COM COCO

INGREDIENTES

1 kg de abóbora sergipana com casca cortada em cubos

400 g de rapadura ralada

6 cravos-da-índia

1 pau de canela

400 g de coco fresco ralado

MODO DE PREPARO

1. Numa panela média, coloque a abóbora, a rapadura, os cravos e a canela. Leve ao fogo médio. Assim que levantar fervura, abaixe o fogo e tampe a panela. Deixe cozinhar por 20 minutos.

2. Quando a abóbora estiver macia, amasse e acrescente o coco ralado. Mantenha o fogo ligado por mais 5 minutos. Apague o fogo, misture bem, deixe esfriar e sirva.

6 porções

30 minutos

fácil

DOCE DE CASCA DE LIMÃO-SICILIANO

INGREDIENTES

3 limões-sicilianos

1 xícara (chá) de açúcar mascavo ou rapadura

6 cravos-da-índia

1 pau de canela

400 ml de água

raspas de 1 limão

MODO DE PREPARO

1. Retire a casca amarela dos limões, corte-os em 4 partes e retire a polpa, deixando apenas a parte branca.

2. Coloque as cascas brancas numa panela e cubra com água. Leve ao fogo e deixe ferver. Escorra e repita o processo três vezes. Reserve as cascas.

3. Na panela usada para o cozimento, coloque o açúcar mascavo, o cravo, a canela e a água e leve ao fogo. Assim que levantar fervura, acrescente as cascas e cozinhe em fogo baixo por 15 minutos. Sirva com as raspas de limão.

12 unidades

1 hora

difícill

FUDGE DE CHOCOLATE E AMENDOIM COM BAUNILHA DO CERRADO

INGREDIENTES

120 g chocolate com 70% de cacau

¼ de xícara (chá) de amendoim torrado sem casca

½ xícara (chá) de pasta de amendoim

¾ de xícara (chá) de açúcar mascavo

raspas de cumaru ou 1 colher (chá) de extrato de baunilha do cerrado

flor de sal para salpicar

MODO DE PREPARO

1. Numa tigela de vidro, derreta o chocolate em banho-maria. Depois que o chocolate estiver derretido, acrescente os demais ingredientes e misture tudo muito bem com a ajuda de um fouet ou uma colher.

2. Coloque a massa numa fôrma de bolo inglês antiaderente forrada com papel-manteiga e deixe descansar na geladeira por 20 minutos.

3. Após o tempo em descanso, desenforme, corte em retângulos e salpique com flor de sal.

8 forminhas de silicone

20 minutos +
1 hora na geladeira

médio

GELATINA DE AMENDOIM

INGREDIENTES

1½ xícara (chá) de amendoim cru ou torrado deixado de molho por 2 horas

500 ml de água

3 colheres (sopa) de rapadura ralada

1 colher (café) de ágar-ágar

8 colheres (chá) de pasta de amendoim

MODO DE PREPARO

1. Bata o amendoim com a água no liquidificador. Coe com um saco de voile e ponha o leite de amendoim numa panela. Acrescente a rapadura e o ágar-ágar, misturando com a ajuda de um fouet.

2. Leve a mistura ao fogo e deixe ferver, sempre mexendo. Abaixe o fogo e deixe cozinhar por 8 minutos, mexendo o tempo todo com o fouet.

3. Retire a panela do fogo e coloque a gelatina em forminhas de silicone ou num pirex.

4. Com uma colher, distribua a pasta de amendoim sobre a gelatina e leve à geladeira por aproximadamente 1 hora, até firmar.

1½ xícara de chá

15 minutos

fácil

GRANOLA DE CUPUAÇU

INGREDIENTES

1 xícara (chá) de aveia em flocos

¼ de xícara (chá) de sementes de abóbora sem casca

2 colheres (sopa) de óleo de coco

2 colheres (sopa) de açúcar mascavo

¼ de xícara (chá) de sementes de cupuaçu em pó (cupulate)

MODO DE PREPARO

1. Numa frigideira grande, misture a aveia e as sementes de abóbora e leve ao fogo.

2. Quando as sementes começarem a estalar, acrescente o óleo de coco, o açúcar e o cupulate. Deixe torrar por cerca de 5 a 8 minutos, sempre mexendo.

BEBIDAS

750 ml

10 minutos

fácil

CHÁ DE CASCA DE ABACAXI E HIBISCO

INGREDIENTES

casca de ½ abacaxi lavada

750 ml de água

6 cravos-da-índia

1 colher (sopa) cheia de hibisco seco

1 pau de canela

MODO DE PREPARO

1. Ponha a casca de abacaxi, a água, o cravo, o hibisco e a canela numa panela, leve ao fogo e deixe ferver.

2. Coe e sirva quente ou frio.

AQUA
AQUA

1 litro

10 minutos

fácil

CHÁ DE CASCA DE CEBOLA, GENGIBRE, CANELA E LARANJA

INGREDIENTES

cascas de 2 cebolas

3 fatias de gengibre de 1 cm

1 pau de canela

casca de 1 laranja-baía

1 litro de água

MODO DE PREPARO

1. Ferva todos os ingredientes por aproximadamente 5 minutos, com a panela tampada. Desligue o fogo e deixe abafar por mais 5 minutos.

2. Coe e sirva.

4 a 6 porções

5 minutos

fácil

SUCO DE ABACAXI COM FOLHAS DE LARANJEIRA

INGREDIENTES

1 abacaxi sem casca picado

15 folhas de laranjeira

1 copo de água ou gelo

MODO DE PREPARO

1. Bata todos os ingredientes no liquidificador e sirva.

2 porções

5 minutos

fácil

SUCO DE FOLHAS DE LIMOEIRO

INGREDIENTES

15 folhas de limoeiro

1 maçã

1 maracujá (a polpa com as sementes)

2 copos de água

MODO DE PREPARO

1. Bata tudo no liquidificador, coe numa peneira fina e sirva.

4 porções

5 minutos

fácil

SUCO DE JUÇARA E MARACUJÁ

INGREDIENTES

500 ml de polpa de juçara ou açaí

500 ml de água de coco

polpa de 2 maracujás

MODO DE PREPARO

1. Bata todos os ingredientes no liquidificador e sirva.

4 a 6 porções

5 minutos

fácil

SUCO VERDE COM LINHAÇA E ORA-PRO-NÓBIS

INGREDIENTES

4 bananas

250 ml de água

15 folhas de ora-pro-nóbis

1 colher (sopa) de linhaça

1 colher (café) de canela em pó

1 colher (café) de gengibre em pó

MODO DE PREPARO

1. Bata todos os ingredientes no liquidificador em velocidade máxima e sirva.

4 a 6 porções

5 minutos

fácil

VITAMINA DE BANANA E CUPUAÇU EM PÓ

INGREDIENTES

2 bananas maduras com casca

4 colheres (sopa) de sementes de cupuaçu em pó (cupulate)

2 colheres (sopa) de pasta de amendoim sem açúcar

400 ml de água de coco

1 colher (sopa) de mel cru para adoçar (opcional)

MODO DE PREPARO

1. Bata todos os ingredientes no liquidificador e sirva a vitamina gelada. Se preferir, adoce.

2 a 4 porções

5 minutos

fácil

VITAMINA DE BANANA, AVEIA E CANELA

INGREDIENTES

½ xícara (chá) de aveia hidratada em 750ml de água por 30 minutos

3 bananas-d'água com a casca congeladas

1 colher (café) de canela em pó

MODO DE PREPARO

1. No liquidificador, bata a aveia hidratada com a própria água.

2. Adicione os demais ingredientes, bata novamente e sirva.

gnt

DIRETORA DANIELA MIGNANI

GERENTE DE MARKETING POLIKA TEIXEIRA

ANALISTA DE MARKETING INGRID FORINO

Texto fixado conforme as regras do novo acordo ortográfico da Língua Portuguesa (Decreto Legislativo nº 54, de 1995).

DIRETOR EXECUTIVO: Mauro Palermo
EDITORES RESPONSÁVEIS: Camila Werner e Lucas de Sena Lima
EDITORA ASSISTENTE: Luisa Tieppo
TEXTOS E RECEITAS: Bela Gil
PREPARAÇÃO DE TEXTO: Ibraíma Dafonte Tavares
REVISÃO: Nana Salerno e Thiago Barbalho
DIREÇÃO CRIATIVA: JP Demasi
DIREÇÃO DE ARTE E ILUSTRAÇÕES: Julia Bueno
DIAGRAMAÇÃO: Casa 36
FOTOS DE CAPA E MIOLO: [illegible]
FOTOGRAFIA DA CAPA (retrato – Bela Gil): Daryan Dornelles
TRATAMENTO DE IMAGENS: Momedio Nascimento e Marcelo Gouveia
PRODUÇÃO DE ARTE: Camila Delamônica e Gustavo Fonseca
ASSISTENTES DE COZINHA: Eva Andrade, Joana Ferreira e Nathassia Souto

CIP-BRASIL. CATALOGAÇÃO NA PUBLICAÇÃO
SINDICATO NACIONAL DOS EDITORES DE LIVROS, RJ

G392b
Gil, Bela, [illegible]
Bela cozinha : da raiz à flor : um novo olhar para os ingredientes do dia a dia / Bela Gil. – 1. ed. – Rio de Janeiro : Globo Estilo, 2019.
: il
ISBN 978-85-250-6703-6
1. Culinária brasileira. 2. Culinária – Receitas. I. Título.
18-52685 CDD: 641.59081
CDU: 641.568(81)

Leandra Felix da Cruz – Bibliotecária – CRB-7/6135

1ª edição, 2019

Editora Globo S. A.
Rua Marquês de Pombal, 25 – 20.230-240 – Rio de Janeiro – RJ
www.globolivros.com.br

A EDITORA AGRADECE A WECK JARS, CASA MANACÁ, ATELIER DENISE STEWART, ATELIER JOANA TOLEDO E PROJETO_FACA PELA GENTILEZA NA CESSÃO DE MATERIAIS PARA A PRODUÇÃO DESTE LIVRO.

ESTE LIVRO, COMPOSTO NAS FONTES CERA E PRENSA,
FOI IMPRESSO EM PAPEL COUCHÉ 150 G/M², NA GRÁFICA IPSIS.

SANTO ANDRÉ, BRASIL, FEVEREIRO DE 2019.